PÉTITION

CONCERNANT

LA NÉCESSITÉ ET LES MOYENS D'EFFACER
TOUTE DIFFÉRENCE ET TOUTE DISTINCTION
POLITIQUES ENTRE LES PROPRIÉTÉS DITES
NATIONALES ET LES PROPRIÉTÉS PATRIMO-
NIALES ;

ADRESSÉE

A LA CHAMBRE DES DÉPUTÉS,

PAR M. LE JOYAND.

.... *Sedet, æternùmque sedebit,*
Infelix Theseus: Phlegyasque miserrimus omnes
admonet, et magnâ testatur voce per umbras :
DISCITE JUSTITIAM MONITI, ET NON TEMNERE DIVOS.

(ÆNEID., Lib. VI, v. 584).

A PARIS,

Chez PONTHIEU, Libraire, Palais-Royal,
galerie de bois, n° 252.

Juillet 1821.

AVERTISSEMENT.

———

CETTE pétition a été enregistrée, le 23 juin, au secrétariat de la Chambre des députés, *sous le n°* 1118.

On prétend qu'elle vient trop tard, parce que la session des Chambres touche à sa fin, que le ministère n'a pas donné l'initiative, et que la Chambre des députés a plusieurs fois passé, sur de semblables pétitions, à l'ordre du jour.

Mais je n'ai pas dû présumer qu'on négligerait si long-temps, et plus long-temps, un intérêt si urgent et si sacré. Et, comme je n'écris pas pour faire parler de moi, mais pour être utile, j'ai dû attendre que l'indifférence de

la législation justifiât mes efforts. Cependant, des vieillards, des femmes, des
enfans , d'autres personnes infirmes ,
spoliés par les lois de sang, succom-
bent dans les horreurs d'une longue
misère, encore indéfiniment prolon-
gée. Faut-il donc soi-même éprouver
de pareilles horreurs pour y compatir,
et pour en solliciter le terme !

On prétend enfin que, dans cet état
des choses, il serait plus convenable
et plus prudent de ne publier ma pétition qu'au commencement de la session prochaine.

Je crois, au contraire, que les vrais
principes et les idées justes gagnent à
la méditation. Et je suis invinciblement
persuadé que, devant la nation française, aujourd'hui libre d'exercer son

noble caractère, il n'est ni imprudent, ni intempestif de faire entendre le cri de la conscience et de l'humanité. **Ma** conviction, à cet égard, repose également sur la loyauté des hommes qui professent les opinions les plus divergentes. Il n'y en a peut-être point de semblable à ce pauvre beau-père qui réunit avec son pauvre gendre une pauvre fortune de douze à quinze cent mille francs de rente, et qui, dernièrement à la Chambre des députés, pour faire prendre le change sur le sort des victimes, a parlé de la perte de ses propriétés patrimoniales.

Que cet ajournement soit au moins le dernier! C'est mon vœu, c'est le but d'une pétition faite pour inviter le ministère et les athlètes des deux Chambres à préparer une loi réclamée par tous les motifs légitimes, naturels et positifs, connus sur la terre.

J'ai hautement protesté, depuis le commencement de la révolution, contre les injustices et contre les cruautés commises en France. Je protesterai tant qu'il me restera un souffle de vie.

PÉTITION

CONCERNANT

La nécessité et les moyens d'effacer toute différence et toute distinction politiques, entre les Propriétés dites Nationales et les Propriétés Patrimoniales ;

A MM. DE LA CHAMBRE DES DÉPUTÉS.

———

Messieurs,

On a embrouillé la question des indemnités dues aux émigrés, aux Vendéens et aux familles des autres victimes qui, sans avoir émigré, ont été spoliées par les lois de sang.

On y a cité, peut-être à dessein, des classes de victimes qui ne peuvent leur être comparées.

On a tranché cette question par des paralogismes, et on est parvenu à ajourner indé-

1

finiment l'époque où la plus généreuse de toutes les nations rétablira, sur les inébranlables bases de la justice, l'union, la confiance, la paix intérieure, sa vraie gloire et sa prospérité.

Ce n'est pas par d'insoutenables comparaisons ; ce n'est pas en dissimulant l'énormité des torts : c'est en les avouant et en les réparant, qu'on atteindra un si noble but.

Mon dévouement pour les opprimés de tous les partis ; ce dévouement qui n'a jamais fléchi devant les opinions, qui n'a pas été étouffé par les passions haineuses, me met à l'abri du soupçon de vouloir les réveiller.

On ne cesse de réclamer l'oubli en faveur du crime.

Un tel oubli serait un grand malheur, et pour la société, et pour les coupables eux-mêmes.

La philosophie religieuse exige l'aveu, le repentir et la réparation. Ce n'est que lorsque la réparation est impossible, que la religion pardonne au simple repentir.

La philosophie humaine, aussi, commande, au coupable, d'aller trouver le juge, et de se soumettre aux mêmes conditions. Elle est infiniment plus implacable que la philosophie religieuse, elle n'exempte pas de la peine capitale celui qui se repent.

Le coupable, lorsque son repentir est sincère, se complaît à manifester combien il déteste son crime ; il mêle ses regrets à la douleur des familles où il a porté la désolation, et il en obtient un retour de commisération.

Cette disposition de l'homme le rapproche de la Divinité ; elle l'élève au-dessus des autres créatures ; elle est nécessaire à l'ordre social.

Loin d'oublier son crime, loin d'en solliciter l'oubli, la nation anglaise a consacré, à l'expiation de l'assassinat de Charles Ier, un deuil périodique et solennel. Ceux qui ne veulent admettre ni la nécessité, ni la sincérité du repentir, diront-ils que la nation anglaise, convaincue qu'on n'oublierait pas un tel crime, a voulu, d'un aveu forcé, se faire un mérite purement politique qui la réhabilite devant la postérité, puisqu'elle a laissé sans réparation les crimes moins éclatans commis pendant sa dernière révolution ? Mais la postérité, qui apprendra inévitablement nos excès, de quel œil verrait-elle toute autre mesure que la réparation, pour les faire oublier ? N'y verrait-elle pas une odieuse et méprisable indifférence, puisque l'oubli est nécessairement un effet ou de l'imbécillité de l'esprit, ou de la corruption du cœur, ou de l'une et de l'autre à la fois ? Loin de nous de si flétrissantes pensées, puisque la France imite, sur le régicide, le sublime et terrible repentir de l'Angleterre. Mais, pour être leurs égaux, les Français (dans le *siècle* si vanté *des lumières*) doivent surpasser les Anglais. Ne pouvant rendre la vie à Charles Ier, les Anglais avaient rendu le trône à sa famille, comme les Français ont rendu la couronne aux Bourbons. Il y avait, parmi eux, d'autres victimes, comme il y en a parmi nous. La réparation du mal ne devait-elle, et ne doit-elle comprendre que la famille régnante ? N'est-il pas aussi absurde qu'inhumain de réduire ainsi la légitimité ? N'y a-t-il de légitimes propriétaires que les hommes qui gouvernent les nations ? Cette question qui, sous les rapports de la religion, de la simple morale et d'une saine politique, se résout par l'évidence de ses termes, jette dans la plus monstrueuse contradiction, je ne dis pas seulement les plus grossiers révolutionnaires, mais les amis les plus sincères ainsi que les plus rusés partisans des idées libérales. Et c'est dans un siècle qualifié par-dessus tous les siècles, qu'on est réduit à poser cette question ! Et, dans ce *siècle de lumières*, on rejetterait les lumières du sentiment, de la conscience, et de l'équité, ces lumières intérieures qui sont la seule intime, la première propriété de l'homme, à laquelle se rapportent toutes ses propriétés extérieures, et sans laquelle (pour exprimer pleinement la nature et la valeur des choses) il n'aurait aucune propriété ni physique, ni morale, ni intellectuelle : on rejetterait ces lumières d'un ordre tellement supérieur que, sans elles, les lumières de l'esprit sont stériles ou funestes ! On détruirait l'essence et le radical de l'homme ; et lorsqu'on aurait eu le malheur de le dissoudre tout entier, il serait défendu de le recomposer ! Ah ! plutôt qu'il soit frappé de tous les fléaux ensemble, il laissera au moins la place à des créatures plus dignes d'exister.

Contre l'oubli du crime, j'en appelle à tous les philosophes de l'antiquité, à tous les historiens, aux poëtes mêmes qui nous avertissent que le crime, resté sans réparation, est éternellement publié dans le Tartare, par le coupable lui-même qui s'était vainement efforcé de le faire oublier sur la terre.

J'ai vu un des juges de Louis XVI, tellement consumé de remords et de regrets, qu'il aurait sacrifié sa vie pour ressusciter ce bon roi, et qu'il était impossible d'être témoin de sa douleur sans répandre des larmes sur lui, en même temps que sur l'auguste victime. Ce n'était pas la crainte de la punition temporelle qui le troublait (en 1796), et qui lui avait déjà mis un pied dans la tombe. Il la sollicitait cette punition; sans cesse il proférait ces paroles : *J'ai tué mon roi...., j'ai tué l'innocent !* Il s'étonnait qu'on souffrît sa présence ; rien ne pouvait le distraire de sa propre horreur ; il ne trouvait pas son agonie trop longue; jour et nuit il priait Louis XVI d'intercéder devant Dieu pour qu'elle fût encore plus longue et plus douloureuse. Il n'y avait cependant ni faiblesse d'esprit, ni faiblesse physique, dans cet homme (1), un des plus spirituels, des plus beaux et des plus ro-

(1) Isnard.

bustes du Corps législatif et de la Convention.

Quelle est donc la philosophie qu'on oppose aujourd'hui au témoignage unanime des siècles et à toutes les institutions dignes du nom de lois?

Qu'est-ce que cette nouvelle philosophie qui ajuste, à sa mesure, la morale universelle la conscience, la justice, la raison humaine, le sentiment, l'instinct, l'homme tout entier, la nature extérieure et DIEU même?

Qu'est-ce que cette politique qui veut encore contraindre et effrayer les victimes quand leur silence et leur résignation précèdent et confondent ses ordres et ses menaces?

Il n'y a pas un homme qui, sur un objet si grand, n'ait le droit d'exprimer sa pensée.

Les dernières séances de la Chambre des députés m'apprennent qu'il est temps d'invoquer les hommes justes et généreux de tous les partis; et, tandis que je me dispose à faire imprimer un ouvrage qui contient quelques rapprochemens des temps de la Ligue et du temps présent, de lui en adresser un extrait sous forme de pétition.

Pendant toute la durée de la Ligue, après la destruction de la Ligue, à aucune autre épo-

que des discordes civiles qui ont agité notre
ancienne monarchie, au milieu des circons-
tances les plus embarrassantes, dans ces temps
réputés si barbares où les bornes du juste et
de l'injuste pouvaient paraître si difficiles à
déterminer, et où les lois arbitraires les plus af-
freuses étaient si faciles à établir : dans ces
temps où les royaumes, les provinces, les villes, les couronnes, les rangs, les dignités, les
titres, les priviléges, les fonctions, les em-
plois, étaient si fréquemment usurpés, con-
testés, pris et repris tour-à-tour, on n'avait
pas vu égorger les hommes les plus hono-
rables et les plus dévoués qui n'avaient pas un
seul instant quitté la France et son malheureux roi ; on n'avait pas vu déchirer leurs
membres palpitans, leur refuser la sépulture..,
si ce n'est la sépulture vivante des canni-
bales qui en ont dévoré les lambeaux..., les
inscrire ensuite, non sur la liste des morts,
mais sur la liste des émigrés, pour confisquer
leur fortune et spolier à jamais leurs familles,
à qui on n'a pas même laissé la liberté, les
moyens et la consolation d'un deuil consacré,
dans tous les siècles, chez les peuples les plus
sanguinaires et les plus abrutis. On n'avait pas

vu des forcenés, le fer et la torche à la main,
contraindre les citoyens des premiers ordres
de l'État, et une foule d'autres citoyens aussi
recommandables , de fuir précipitamment
leurs foyers pour chercher, dans des contrées
lointaines, une terre moins inhospitalière.
On n'avait pas vu une législation, dépitée de
n'avoir pu assouvir dans leur sang l'immensité
de sa fureur, se prévaloir de l'absence de
tous ces infortunés et de la violence qui les
avait forcés de s'éloigner, pour confisquer
leurs biens, leur décerner la peine de mort
s'ils étaient tentés de revoir leur patrie, les
massacrer jusque sur les terres étrangères
dont cette législation ne leur permettait de
sortir que pour les poursuivre encore dans
tous les lieux où elle pouvait étendre ses ra-
vages, frappant quiconque (même étranger)
leur avait donné un asile ou avait conservé
avec eux quelque relation, et massacrer pro-
visoirement leurs parens, père, mère, époux,
enfans, collatéraux , alliés et amis, demeurés
en France à la disposition des bourreaux. On
n'avait pas vu,.pour réaliser tant de spoliations que le texte même de la loi de sang
n'admettait pas, inscrire et maintenir sur la

liste des émigrés, les prétendus suspects qui
avaient les certificats de résidence prescrits par
cette loi, ceux que les comités de gouvernement et les comités révolutionnaires rete-
naient en prison, faisaient garder à vue dans
leurs propres domiciles parce que les prisons
ne pouvaient suffire, ceux enfin qu'on déportait
aussi arbitrairement. On ne s'était pas figuré
la possibilité d'une législation qui ordonnât
aux opprimés qui, sans sortir du territoire
français, étaient parvenus à se soustraire à
la prison et à la mort, de quitter l'asile où ils
tremblaient à chaque instant d'être découverts,
et de venir, sous peine d'être mis hors la loi,
c'est-à-dire sous peine d'être tués sans examen
ni formalité quelconque, se présenter sous le
fer des bourreaux. On n'avait pas imaginé une
horreur encore plus incompréhensible, l'ef-
froyable contradiction suivant laquelle, d'un
côté, on a infligé, sous prétexte d'émigration,
de résistance et de protestation, la misère et
la peine de mort, tandis que, d'autre côté, on
a assassiné le roi qui, long-temps avant 1789,
avait prévenu, par toutes les concessions imaginables, le vœu des états - généraux, et qui,
en 1789, pour satisfaire encore mieux son

cœur et préserver son royaume des fléaux de la révolte et de l'anarchie, avait comblé les demandes contenues dans les cahiers et les mandats de tous les députés de la France.

J'écarte de ce tableau les autres excès retracés par l'inexorable histoire: le 14 juillet; les 5 et 6 octobre; le 14 avril; le 20 juin; le 10 août; les journées de septembre; la glacière d'Avignon; le sac de Toulon; le sac de Lyon; la destruction de la Vendée; Quiberon: les échafauds permanens sur toute l'étendue de la France; les noyades, les mariages républicains; les fusillades et la mitraille des canons vomies contre des milliers de Français enchaînés: les religieux des deux sexes, condamnés à la misère, à la dérision, à la persécution, ou à la licence et à la débauche; les pontifes fidèles, égorgés ou bannis ou déportés; le culte divin anéanti; les scélérats déifiés; les temples interdits, ouverts seulement aux prostituées, aux apostats, aux hommes de sang, aux athées: les monumens de la gloire de nos pères, les monumens des sciences et des arts, partout défigurés, brisés, renversés: les bibliothèques, vastes dépôts de toutes les connaissances, de tous les fruits du génie recueillis par plus de trois mille ans de recherches chez tous les peuples de la terre, menacés d'une prochaine destruction : les infirmes, les blessés, les malades foudroyés dans les hospices : la violation des tombeaux dans tous les lieux consacrés à la mémoire de quelque personnage remarquable ou de quelque société religieuse; les sarcophages exhumés, et le plomb arraché aux morts pour tuer les vivans !

J'écarte, de ce tableau, tant d'autres excès qui seuls remplissent un plus grand nombre de pages que l'histoire de tous les crimes commis en France pendant quatorze cents ans (a). Je n'entreprends pas de peindre ce génie du désordre et du néant, qui fait pâlir le vandalisme.

On n'avait pas vu, avant ni après la Ligue, après le triomphe de la bonne cause, après l'entrée de Henri IV à Paris, perpétuer, je ne dis pas d'aussi exécrables forfaits, puisqu'ils n'avaient pas été commis, mais l'effet des spoliations que quelques ligueurs s'étaient permises.

Et c'est quand Louis XVIII, en abolissant

_____

(a) Voyez les notes à la suite de cette pétition.

la confiscation la plus légale, celle qui est motivée sur la réparation due par le crime tel qu'il est compris et défini dans tous les temps et dans tous les codes criminels, c'est-à-dire par le crime *commis avec préméditation contre la nature et contre l'ordre social établi;* c'est quand Louis XVIII, considérant que la confiscation qui suit la peine capitale est une continuité de supplices perpétués de génération en génération dans les familles dont un seul chef ou membre s'est rendu coupable, et que cette perpétuité implique une contradiction d'autant plus choquante que, dans aucune législation humaine, on ne trouve qu'il soit permis de punir deux fois, trois fois, une infinité de fois, pour un seul crime; qu'en même temps l'appât des propriétés confisquées peut attirer, sur des têtes innocentes, la peine de mort : c'est quand Louis XVIII s'est élevé ainsi à la dignité de législateur et de bienfaiteur du genre humain : c'est à l'époque de la restauration que l'on vient, sous des prétextes soi-disant politiques, s'appuyer d'un système de spoliations enfanté, par des scélérats et par des bourreaux, dans le sang de victimes non seulement innocentes, que

les acquéreurs aussi bien que les vendeurs savaient être innocentes, mais encore dignes
d'éloges et de récompenses! On se montre in-
sensible à une continuité de supplices qui,
en rendant, aux infortunés qui ont eu le malheur de survivre, l'existence insupportable ,
et en neleur offrant d'autre perspective que
la misère de leurs descendans, est peut-être
pire qu'une continuité d'homicides !

Mais encore, quels sont les hommes impi-
toyables qui s'opposent à la guérison des plaies
de l'État; quels sont les hommes qui veulent
fixer le glaive dans la plaie la plus profonde
qui ait été faite à l'humanité et à tout principe d'ordre social ? Ils se sont fait connaître,
et je me borne à poursuivre l'erreur et le
crime. S'ils insistaient sur leurs sarcasmes et
sur leurs sophismes contre les émigrés et contre les autres victimes des lois de sang, il suf-
fit d'indiquer ce qu'on pourrait leur répliquer
quand même on accorderait que l'émigration
fut une faute.

Mais il s'en faut bien que les émigrés, les
Vendéens et les autres victimes de la fidélité,
soient coupables, puisque *le crime* ne peut
être conçu et défini *qu'un attentat commis*

*avec préméditation contre la nature et contre
l'ordre social établi.*

Quel était l'ordre établi en France; et qui
sont ceux qui l'ont attaqué et renversé?

L'ordre était, dans le climat le plus favorisé
du ciel, la monarchie paternelle des Bourbons.

Les révoltés, les révolutionnaires, ont violé
la nature ; ils ont attaqué et renversé la monarchie : eux seuls ont commis *le crime, l'attentat avec préméditation , avec persévérance ,
contre la nature et contre l'ordre social établi :*
eux seuls ont mérité la punition. Il n'y a donc que
la clémence et la modération qui puissent les ab-
soudre. Et ce sont eux qui s'opposent à l'indis-
pensable mesure des indemnités ! En répétant
sans cesse *Malheur aux vaincus!* (*vœ victis,* les
seuls mots latins que la plupart d'entre eux con-
naissent); en proclamant mille et mille fois, à
leur tribune et dans leurs écrits, le dogme dé-
sespérant de la fatalité et de l'implacable violence, ils ont eu la férocité et l'inconséquence
de vouloir étouffer, dans les cœurs nés sensibles et généreux, le dévouement, l'humanité,
la commisération : et, cependant, si on leur
ôtait, non pas leurs propriétés patrimoniales,

mais seulement les propriétés dont ils ont dé-
pouillé leurs victimes, ils jetteraient les hauts
cris, ils voudraient replonger la terre dans
un déluge de sang et de crimes.

Ils prétendent, sinon s'excuser, au moins
pallier tant d'excès, en disant que, sans l'émigration et sans les autres mesures de défense
prises pour soutenir la monarchie et les lois so-
ciales, ils ne les auraient pas commis ?

Mais, premièrement, nous venons de voir
que c'est la violence et la multiplicité de leurs
crimes qui ont causé l'émigration, et contraint
d'organiser, autant qu'on le pouvait, la défense la plus légitime et la plus urgente.

Secondement, pour que cette excuse ou ce
palliatif eût la moindre valeur, il faudrait que
les révoltés n'eussent pas persécuté les amis
de la monarchie, les Français soumis à l'ordre
social, demeurés en France ; et on sait comme
ils les ont traités, non seulement à Paris, à
Versailles, à Toulon, à Nîmes, à Avignon, à
Lyon, dans la Vendée, mais encore dans
toutes les autres contrées du royaume : il faudrait, même en admettant une affreuse parité
entre des factieux et des hommes fidèles,
qu'au moins les rebelles triomphans eussent

combattu et traité, conformément aux lois de la guerre, les royalistes vaincus; il faudrait qu'ils n'eussent pas égorgé les prisonniers, les vieillards, les femmes, les enfans, les infirmes, les hommes passifs, riches ou pauvres, ignorans ou savans, qui ne pouvaient ou n'osaient prendre une part active à la défense, et qui se bornaient à gémir de tant d'horreurs.

Il n'y avait donc aucun autre moyen d'éviter leurs coups, que de se rendre leur complice. Ils ne voulaient et ils ne veulent encore aujourd'hui que des complices et des victimes. C'est à cela que se réduisent tous leurs argumens.

Proh pudor ! Pour faire rejeter la juste et salutaire mesure des indemnités qui seule peut adoucir le sort des familles spoliées, consolider sans injustice la vente des propriétés envahies par les lois de sang, dissiper les continuelles inquiétudes des acquéreurs, calmer leur conscience morale et leur conscience politique, seconder la sagesse du royal auteur de la Charte, rétablir la paix et l'union entre les Français qui n'auraient plus de satisfaction possible à se redemander : trois classes d'individus, des hommes faibles de cœur et d'esprit, des hommes renfermés dans les bornes d'un intérêt personnel mal entendu , d'autres hommes éclairés, mais corrompus dans leurs propres voies, puisqu'ils sont en contradiction avec eux-mêmes, avec la conscience de leurs propres lumières et de leurs propres sentimens, opposent qu'il faudrait aussi allouer des indemnités à ceux qui ont éprouvé une réduction de leurs rentes sur l'Etat ; à ceux qui ont essuyé des pertes, par la loi du *maximum*, sur les productions territoriales et industrielles ; à ceux qui ont essuyé d'autres pertes par les lois arbitraires et clandestines de déchéance ; à ceux aussi qui ont essuyé des pertes par la versatilité des lois et des réglemens relatifs à l'exportation et à l'importation des marchandises nationales et étrangères : enfin on a prétendu qu'il fallait accorder des indemnités pour les dotations perdues dans les territoires étrangers reconquis par les puissances : et comme on sait qu'il est impossible d'accorder de telles compensations, on en a conclu qu'il n'en faut point accorder aux familles spoliées par les lois de sang.

Le temps et l'espace me manquent pour réfuser, ici, de tels paralogismet. Il faut plain-

dre toutes les victimes de la révolution ; il serait à souhaiter qu'il fût possible de les indem-
niser toutes indistinctement : mais les dispa-
rités sont énormes , elles sautent aux yeux : et
il ne sera pas difficile de dissiper le doute
qu'on éleverait sur ces différentes questions.

Seulement je rappellerai, au sujet des dotations perdues dans les territoires étrangers
reconquis par les puissances, le résultat des
discussions qui ont eu lieu à la Chambre des
députés.

Quel était le titre de ces dotations, et quel
en était le garant ?

Un droit tout récent de conquête , droit
mal assuré d'une force qui pouvait être
vaincue, et qui l'a été par une force supérieure ; une possession et une jouissance pré-
caires et momentanées qui n'auraient pas
même sur le territoire français, pour des Français qui n'auraient pas légalement payé le
prix d'une telle possession, le temps prescrit
par le Code civil.

Les donataires, dira-t-on, les avaient payées
de leur sang.

Mais les puissances étrangères n'ont-elles
pas pu, au même prix, les reprendre ?

Voilà donc toujours le glaive à deux tran-
chans, le plus cruel ennemi des nations, de
tout droit et de toute jouissance, mis à la
place de la loi !

Et on voudrait comparer une telle possession à celle des propriétés dont jouissaient
dans l'intérieur de la France, sous la garantie
des lois les plus sacrées et les plus anciennes,
les anciens titulaires ! Quelle force et quels
ennemis sont venus s'en emparer ? Cette force,
ces ennemis, ne sont point étrangers. Ce n'est
point une force étrangère et supérieure à
celle de la France. Ce n'est point une force
extérieure qui puisse se soustraire à notre ci-
vilisation, et détruire ainsi la garantie des lois
intérieures. C'est la violence du crime qui a
renversé nos lois et notre ordre social.

On ne pardonnerait pas à la force étrangère
qui s'emparerait des propriétés particulières ;
et jamais un conquérant qui veut conserver sa
conquête n'expropie les sujets conquis.

La puissance nationale intérieure, qui n'est
primitivement et légalement constituée que
pour maintenir les droits respectifs des citoyens
lorsqu'elle s'écarte de cette destination, lorsqu'elle met la violence à la place du droit, lors-

qu'elle devient homicide et spoliatrice, est infiniment plus odieuse que la puissance étrangère qui s'enrichirait de la dépouille des vaincus.

Il n'y a donc point de comparaison entre la spoliation des anciens propriétaires qui voient aujourd'hui leurs propriétés passées en d'autres mains dans l'intérieur de la France, et la perte des donataires d'une conquête récente sur des territoires étrangers repris par les puissances.

Cependant, Messieurs, votre décision vient de rendre ces donataires, eux, leurs veuves, leurs orphelins, susceptibles d'obtenir des pensions sur le domaine extraordinaire.

Quelles indemnités ne doit-on pas aux anciens propriétaires spoliés, de leurs patrimoines français, au nom et au profit de la nation française ?

La garantie de la morale toute entière, la garantie de tout ce qui peut mériter le nom de loi positive faite ou à faire, l'ancienneté de possession, sont les titres des victimes; et les propriétés sont en France, et les propriétaires légitimes sont en présence des propriétés dont les acquéreurs, avant le retour du souverain légitime, n'étaient garantis que par les dé-

crets des factieux qui ont opprimé la patrie.

Ce n'est pas pour les factieux que nos armées ont combattu, mais pour effacer l'opprobre dont ils voulaient charger la nation française.

Il est temps de rentrer sous l'empire de la vraie loi dont l'étendue est universelle et la durée éternelle ; qui ne peut être affaiblie par aucune autre loi ; à laquelle il n'est pas permis de déroger, et qui ne peut être abrogée ; qui est plus ancienne qu'aucune loi écrite et qu'aucun gouvernement politique. Il est temps de rentrer sous l'empire de cette loi dont, ni le sénat, ni le peuple, ne peut nous délier ; que l'esprit humain n'a point inventée, dont aucun peuple n'est l'auteur, et à laquelle l'univers entier est soumis ; qui a son fondement dans la nature des choses ; qui n'a pas commencé à être loi par la promulgation que les hommes en ont faite, mais qui est aussi ancienne que Dieu lui-même (1) : en sorte que,

_____

(1) *Est quidem vera lex, recta ratio naturæ congruens, diffusa in omnes, constans, sempiterna, quæ vocet ad officium jubendo ; vetando à fraude deterreat. — Huic legi nec abrogari fas est, neque derogari ex hac*

supposé qu'à Rome il n'y eût point eu de loi écrite contre le viol, Tarquin n'en aurait pas moins pêché contre cette loi éternelle lorsqu'il viola Lucrèce.

Il faut rentrer sous l'empire de cette loi, principe et base immuable de la distinction entre le bien et le mal moral, et qui est d'une plus haute certitude que les vérités mathématiques ou arithmétiques, que la lumière et les ténèbres, que le bien et le mal physique.

Il faut se conformer à cette loi que, dans la

---

aliquid licet, neque tota abrogari potest. Nec verò aut per senatum, aut per populum, solvi hâc lege possumus. — Lex quœ sœculis omnibus antè nata est, quàm scripta lex ulla aut quàm omninò civitas constituta. — Legem, neque hominum ingeniis excogitatam, neque scitum aliquod esse populorum, sed œternum quiddam, quod universum mundum regat. — Nec si regnante Tarquinio, nulla erat Romœ scripta lex de Stupris, idcircò non contra illam legem sempiternam Sextus Tarquinius vim Lucretiœ attulit. Erat enim ratio profecta à rerum natura, et ad rectè faciendum impellens, et à delicto avocans : quœ non tùm denique incipit lex esse, cùm scripta est, sed tùm cùm orta est. ORTA AUTEM SIMUL EST CUM MENTE DIVINA. (CICERO, de Rep., lib. I, fragm.; et De Leg., lib. I et II.)*

divergence, dans la diversité, dans la différence et la bizarrerie de leurs lois et de leurs
coutumes, les nâtions n'ont jamais pu s'empêcher de reconnaître, et qu'aucun peuple,
aucun individu n'a jamais pu blesser sans attirer
la peine de l'infraction.

Il faut admirer et chérir cette loi, en vertu
de laquelle il n'y a point de diversité de tem-
pérament, qui empêche que les hommes ne
s'accordent à croire qu'on fait une bonne action, une action utile à l'humanité entière,
quand on conserve les biens, la vie, les membres, la liberté, à une personne innocente (1).

Il faut regarder comme un pervers ou
comme un fou quiconque dirait que cette loi
dépend de l'opinion des hommes et des coutumes des nations : en sorte que ce qui porte
le nom de vertu fût une affaire de pure ima-
gination, de convention et de mode; il faut
signaler ce délire aussi absurde que celui de
prétendre que la fécondité d'un arbre ou la
force d'un cheval ne sont pas des choses réel-

---

(1) CUMBERLAND, de Leg. nat., pag. 166, 167, 231
et 281. HOBBES, de Homine, cap. 14.

les, et qu'elles n'existent que dans l'opinion de ceux qui en jugent (1).

Il faut se soumettre à cette loi qui tire si peu son origine des hommes que, si c'était à eux qu'elle dût son autorité, et s'il était en leur pouvoir de la changer comme bon leur semble, les ordres les plus abominables des plus cruels tyrans seraient aussi légitimes et aussi justes que les lois qui passent dans le monde pour les plus sages. D'où il résulterait que le meurtre, l'empoisonnement, le parricide, le viol, la supposition de faux testamens et de faux contrats, le vol sur les grands chemins, en un mot, tous les crimes, toutes les monstruosités, tous les écarts imaginables, pourraient devenir légitimes par l'approbation d'une folle multitude : mais si les suffrages et les lois d'une foule insensée, si les décrets des souverains, si les sentences des juges ont tant de pouvoir qu'ils puissent changer suivant leur bon plaisir la nature des choses, comment les hommes n'ont-ils pas fait une

---

(1) *Hæc autem in opinione existimare; non in naturá ponere, dementis est. Nam nec arboris nec equi virtus, in opinione suá est, sed in naturá.* (CICERO, de Leg., lib. I.)

loi qui ordonne que ce qui est mauvais et contraire à la santé devienne bon et salutaire ?
Comment, ayant le pouvoir de rendre juste
ce qui était injuste, n'ont-ils pas eu le pouvoir de faire que ce qui est mauvais devienne
bon (1)

Les choses ne sont pas bonnes et saintes
parce qu'elles sont commandées ou permises;
mais Dieu les a gravées dans l'homme, et les
a commandées parce qu'elles sont bonnes et
et saintes (2).

---

(1) *Jam verò stultissimum illud, existimare omnia
justa esse quæ scita sint in populorum institutis aut
legibus. Etiamne si quæ sunt tyrannorum leges, si tri
ginta illis Athenis leges imposuisse voluissent, aut si
omnes Athenienses delectarentur tyrannicis legibus,
nùm idcircò hæc leges justæ haberentur ? — Quod si
populorum jussis, si principum decretis, si sententiis
judicum, jura constituerentur, jus esset latrocinari, jus
adulterare, jus testamenta falsa supponere, si hæc
suffragiis aut scitis multitudinis probarentur. Qua si
potentia est stultorum sententiis atque jussis, ut eorum
suffragiis rerum natura vertatur; cur non sanciunt, ut
quæ mala p rniciosaque sunt habeantur pro bonis et sa-
lutaribus ? Aut cur, cùm jus ex injurià lex facere possit, bonum eadem facere non possit ?* (Cic., de Leg.,
lib. I.

(2) Plato, in Eutyphr.

S'il en est ainsi de la valeur absolue et de la valeur relative de toutes choses, que faut-il penser des lois et des actions non seulement différentes de celles qui sont bonnes en elles-mêmes, mais encore directement contraires ?

Il faut donc pratiquer la loi qui est la seule véritable, et dont le législateur des chrétiens a dit qu'il ne venait ni la détruire ni l'enfreindre, mais l'accomplir ; cette loi qui nous apprend que la cruauté, la violence, l'oppression, l'astucieuse politique voilée sous des prétextes de raison d'état, la fraude, le parjure, la versalité qui comprend tous les parjures, l'altération ou le mépris des principes, l'oubli des services et des bienfaits, la confusion des bonnes et des mauvaises actions, la préférence politique donnée aux méchans (préférence aussi équivoque pour eux que funeste pour les bons), l'injuste application des peines et des récompenses, sont si haïssables en elles-mêmes, qu'il n'y a aucun de ces crimes qu'on ne doive fuir de toutes ses forces, quand même on aurait une assurance positive qu'on ne court aucun risque en s'y adonnant. *Un honnête homme, eût-il le secret de s'approprier le bien de son prochain en remuant simplement*

*les doigts, s'en abstiendra scrupuleusement
quand même il n'aurait pas la moindre crainte
d'en être soupçonné. Il n'y a rien en cela qui
doive paraître admirable, si ce n'est à ceux
qui ignorent ce que c'est qu'un honnête
homme (1).*

---

(1) *Honestum id intelligimus, quod tale est, ut de-
tracta omni utilitate, sine ullis præmiis fructibusque,
per se ipsum jure possit laudari. — Optimi quique per-
multa ob eam unam causam faciunt, quia decet, quia
rectum, quia honestum est; etsi nullum consecuturum
emolumentum vident. — Nihil est de quominus dubitari
possit, quàm et honesta expetenda per se et eodem modo
turpia esse fugienda* (Cic., de Fin., lib. II et III). — *Atque
hæc omnia propter se solum, ut nihil adjungatur emo-
lumenti, petenda sunt.* (Idem, de Inv., lib. II.) — *Jus
et omne honestum sponte est expetendum. Etenim omnes
viri boni, ipsam equitatem et jus ipsum amant.* (Idem,
de Leg., lib. I.) *Satis enim nobis, si modò aliquid in phi-
losophiá profecimus, persuasum esse debet, si omnes Deos
hominesque celare possimus; nihil tamen avare, nihil
injuste, nihil libidinose, nihil incontinenter esse faciendum. — Si nemo sciturus, nemo ne suspicaturus quidem
sit, quum aliquid divitiarum, potentiæ, dominationis,
libidinis causa feceris; si id Diis hominibusque futurum
semper sit ignotum, sisne facturus? — Itaque si vir
bonus habeat hanc vim, ut, si digitis concrepuerit,*

Ainsi donc, tous les vrais principes et toutes les causes finales des lois, tous les sentimens honnêtes, la religion, la simple morale, la saine politique, défendent de consolider sans indemnités la vente des biens des émigrés, des déportés et des autres Français spoliés par la violence des mesures d'exception que le plus horrible abus a qualifiées du nom sacré de lois.

Les indemnités sont le seul moyen de tout consolider, de tout pacifier, et d'effacer la différence qui existerait toujours entre les propriétés dites nationales et les propriétés patrimoniales. Sans ce moyen, la noble résignation des victimes ne parviendrait pas même à dissiper le trouble intérieur sans cesse renaissant qui agiterait les acquéreurs

Le royal législateur, qui nous a donné une Charte, confirme les ventes; mais il ne com-

---

possit in locupletum testamenta nomen ejus irrepere; hâc vi non utatur, ne si exploratum habeat id omninò neminem unquam suspicaturum. — *Hoc qui admiratur, iis se, quid sit vir bonus, nescire fatetur.* (IDEM, de Offic. lib. III). — *Virtutis et vitiorum....., grave ipsius conscientiæ pondus est.* De nat. Dorum, lib. III).

mande pas de les confirmer sans indemnités.
Le vœu de son cœur se manifeste assez par
la sollicitude avec laquelle il a aboli la confiscation, qui avait été jusqu'alors une des
peines du crime. Ce serait donc la plus inju-
rieuse et la plus inhumaine contradiction de
supposer qu'il veut que la vertu, la fidélité,
le dévouement, subissent la peine dont il a
exempté le crime.

C'est au nom et au profit de la nation, que
les ventes ont été faites :

C'est à la nation de fournir les indemnités.

Le prix des ventes n'a pas rendu la valeur
des propriétés :

C'est encore un fait qui regarde la nation.

Il faut renoncer à toute notion morale, religieuse, civile et politique; il faut abjurer
tout sentiment humain ; c'en est fait de l'ordre
social, si des prétextes, si des considérations
l'emportent sur les principes que je viens de
rappeler.

Je ne m'arrêterai donc point à combattre le
prétexte des charges publiques, le prétexte de
l'énormité des impôts, qui s'opposent, dit-on, à
ce que la nation française indemnise les familles

spoliées par les lois de sang. Riche ou pauvre, quelle que soit la pesanteur de ses charges, une nation doit-être juste avant tout : sans cette condition préalable, ce serait une dérision de se dire libéral. Et la nation française, la plus riche des nations, n'a pas même l'excuse de la médiocrité, encore moins l'excuse de la pauvreté. Toutes les classes, ou opulentes, ou médiocres, ou industrieuses, qui la composent, n'ont pas plus le droit de vivre, que les victimes dont on a envahi les propriétés pour fomenter la fureur révolutionnaire et le délire de l'anarchie.

Les anarchistes tuaient les Français dont ils voulaient usurper les biens ; ils auraient voulu pouvoir tuer tous les hommes riches. Les Spartiates assassinaient les ilotes dont le nombre leur inspirait de la crainte. Mais ils ne les condamnaient pas à mourir de faim, genre de mort pire que l'échafaud et que les autres espèces d'assassinat ; ils ne les condamnaient pas au singulier désespoir de mourir de faim sur les propriétés mêmes et à la porte des mêmes foyers où ils avaient salarié l'ouvrier, donné du pain au pauvre, à la veuve, à l'orphelin, et des secours à l'infirme.

En vous rappelant, Messieurs, ce que l'esprit humain a conçu de plus sublime, ce que vos cœurs ressentent de plus juste, je ne crains rien d'aucun de vous. Je sais que malheureusement vous êtes divisés ; mais je sais aussi, et c'est l'espoir de la patrie, que, des deux côtés, il existe d'admirables talens, et que la générosité est inséparable de tous les vrais talens. Quand les plus nobles attributs tendent à vous rapprocher ; quand vous en avez tous les moyens, qu'est-ce donc qui vous divise ? Ennemis généreux, vous panseriez les blessures que vous auriez faites sur le champ de bataille ! Vous êtes les descendans de ces Français qui se sont toujours distingués des autres peuples par leur générosité dans leurs anciennes discordes civiles. Comme eux, rejetez le fiel de la haine, éteignez le feu qui consumerait la patrie. La part du mauvais génie a été faite, il en faut effacer la trace ; l'incendie politique doit être cerné : pourquoi cette incomparable gloire ne vous serait-elle pas réservée (1)?

---

(1)   *Latiùs regnes avidum domando*
      Spiritum, quàm si Libyam remotis
      Gadibus jungas, aut uterque *Pœnus*
           Serviat uni.

Les Français ont été quelquefois égarés.
Rendus à eux-mêmes, ils ont toujours conci-
lié, avec la justice et avec les plus doux sentimens de la nature, l'honneur qui est leur idole,
et le plaisir qui est leur mobile. Leur premier
besoin, leur plus constante passion, c'est d'ai-
mer et d'être aimés. De plus longs gémisse-
mens ne les amuseraient pas. Les Français veulent redevenir ce qu'ils ont été ; ils le rede-
viendront malgré les efforts convulsifs du
mauvais génie qui voudrait en retarder l'heu-
reuse époque.

Non moins magnanimes que les publicistes
de l'ancienne Rome, vous auriez pitié de la
pusillanimité de quiconque s'offenserait (1)
de ma pétition.

J'ai toujours porté, à la cause légitime, le
tribut de mes pensées et de mes sentimens.

« Les sujets fidèles et malheureux se paient

---

(1) *Oratio nulli molesta est, nisi animus labat. Ideò
ille curetur. Ab illo sensus, ab illo verba exeunt.....
Illo sano ac valente, oratio quoque robusta, fortis, vi-
rilis est : si ille procubuit, cetera sequuntur ruinam.....
Rex noster animus. Hoc incolumi cetera manent in of-
ficio, parent, et obtemperant.* (SENECÆ, Epist. 115).

3

« de leur constance par le droit de dire la
« vérité ».

Je suis avec respect,

MESSIEURS,

Votre très humble et très obéissant
serviteur,

LE JOYAND,

Rue St.-Honoré, n° 363.

Paris, ce 6 juin 1821.

NOTES.

———

(*a*) MALGRÉ l'évidence et la justice de la cause que je défends, ne voulant rien négliger pour atteindre le but, je me disposais à rechercher, dans le *Moniteur* et dans les autres journaux, le récit des événemens qui ont causé l'émigration, lorsque j'ai trouvé, dans le *Mercure royal* (1), ce travail très bien fait par M. Maurice Méjan. N'ayant pu m'en appuyer dans ma pétition parce qu'elle était composée depuis plusieurs jours, je crois encore utile de le reproduire ici tout entier.

« S'il faut en croire M. de Lameth, *l'émigration a été considérée par l'Europe entière comme une des fautes les plus graves qui puissent être enregistrées dans les annales de l'histoire* (2).

———

(1) Troisième livraison, tome IV, mai 1821.
(2) Séance de la Chambre des députés, 24 fév. 1821.

« Peut-être aurait-il eu raison de tenir ce langage, si l'émigration n'avait pas été provoquée par d'impérieux motifs : mais s'il est vrai qu'un seul assassinat impuni, un seul assassin triomphant, suffisent pour alarmer toute une cité! que devaient donc produire les forfaits commis, dans la capitale et à Versailles, le 14 juillet et le 5 octobre 1789; à Toulon, le 7 décembre de la même année; à Nîsme, le 17 juin 1790; à Avignon, le 17 octobre 1791 ? Que devaient produire ces hordes de meurtriers et d'incendiaires qui parcouraient les provinces? Que devaient produire ces bandits répandus dans toutes les villes du Languedoc (1), qui, armés de nerfs de bœuf, et s'intitulant *le pouvoir exécutif*, insultaient la pudeur des femmes, mutilaient et assommaient les hommes (2), tombaient sur la foule prosternée dans les églises, et lançaient sur elle les débris de ses autels? Que

---

(1) *Toulouse, Montauban, Montpellier, Nîmes, Alais, Uzès, Sommières, Saint-Gilles, Lunel, etc.*

(2) A *Nîmes*, M.... eut un bras cassé sous les yeux de sa femme en travail d'enfant. Alors, on se bornait à briser les membres pour convertir à la révolution.

devaient produire les nombreux assassinats commis dans les mêmes villes sur leurs ci- toyens, leurs magistrats, leurs prêtres (1)? Que devait produire la barbare indifférence de ces législateurs, de ces arbitres tout puis- sans et seuls puissans de notre destinée, qui refusaient, le 23 juillet 1789, à leurs collègues justes et humains, un décret propre à remettre les lois en vigueur et les tribunaux en ac- tion (2); qui, plus tard, traitant *d'égarement momentané*, les massacres exécutés en Bour- gogne et en Normandie, où des curés, des vieillards, des propriétaires avaient été mis à mort, les uns à coups de couteau, les autres à coup de bâton, et leurs membres portés en triomphe, éteignirent toutes les procédures commencées (3); qui frappèrent d'accusation

---

(1) *Montauban*, 13 mars, 10 mai 1790. *Toulouse*, 18, 19, 20 avril 1790. *Nîmes*, 29 mars, 3 et 11 mai, 13, 14, 15, 16 et 17 juin 1790. *Uzès*, février 1791. *Béziers*, février 1791. Tout *le Vivarais*, mai 1791. *Montpellier, Nîmes, Uzès, Alais*, novembre 1791, etc.

(2) Mirabeau fit décider qu'*il n'y avait pas lieu à délibérer*.

(3) Décret du 9 août 1790.

jusqu'aux magistrats qui apportaient au main-
tien de l'ordre une sévérité bienfaisante (1);
et qui enfin, après avoir rendu pour la Pro-
vence, dont les villes (2) fumaient comme celles
du Languedoc, d'incendie et de carnage, un
décret portant textuellement *qu'après les in-
terrogatoires des accusés, les procédures seraient expédiées au comité de recherches de
l'Assemblée nationale, et qu'il serait sursis au
jugement, jusqu'à ce qu'elle eût ordonné ce
qu'il appartiendrait;* sur le vu des mêmes
pièces dont chaque ligne présentait la conviction des accusés, en rendirent un autre par
lequel les prisons furent ouvertes à tous
les coupables (3)? Que devait produire le
spectacle du plus vertueux des rois, retenu
prisonnier dans sa capitale, depuis le 6 octobre 1789, et livré chaque jour aux plus

(1) Décret du 14 février 1791.

(2) *Aix, Marseille, Arles, Toulon, Grasse, etc.,*
août, décembre 1789; février, mars, avril, mai, août,
septembre, décembre 1790; janvier 1791.

(3) Décret du 21 mai 1791.

sanglans outrages? Que devait produire l'a-
trocité de cette seconde législature qui, le 26
octobre 1791, dix jours après que *Jourdan,
Tournal, Mainvielle,* etc., avaient coupé, ha-
ché, entassé dans une glacière, à Avignon,
hommes, femmes, enfans, versant ensuite de
la chaux vive sur ce monceau de victimes
dont quelques unes respiraient encore, et mu-
rant sur elles l'entrée de cet infernal caveau,
répondait par l'organe de son président, à
un ambassadeur de ces monstres : *Vos com-
mettans sont nos amis, vous êtes invité aux
honneurs de la séance;* et qui, le 19 mars 1792,
à la face des députés de cette malheureuse ville,
demandant en larmes justice et sûreté, osait
acquitter *Jourdan* et ses complices, en appli-
quant à leurs forfaits l'amnistie prononcée par
l'Assemblée constituante, le 14 septembre pré-
cédent, c'est-à-dire un mois avant qu'ils s'en
fussent rendus coupables (1)? Que devaient
produire, je ne dirai pas les crimes innombra-
bles de la *Convention nationale,* car je n'ai pas
besoin d'en tirer avantage, mais l'affreuse jour-

_____

(1) *Journal des Débats et Décrets,* n° 173, pag. 250.

née du 20 juin 1792, dans laquelle le roi et la
reine furent exposés pendant six heures aux plus
cruelles insultes, aux plus imminens dangers;
mais la journée mille fois plus horrible encore
du 10 août, que les meneurs de l'Assemblée lé-
gislative se vantèrent d'avoir eux-mêmes prépa-
rée (1); mais enfin ces exécrables boucheries du
2 et 3 septembre, ordonnées par l'infâme *com-
mune de Paris,* de concert avec la société *des
Jacobins,* où, parmi des milliers de victimes
entassées tout exprès dans les prisons, on vit ce
pontife, en qui les lumières le disputaient aux
vertus (2), espérant par le sacrifice de sa vie sau-
ver celle de ses frères, s'avancer, les mains croi-
sées sur sa poitrine, vers ses bourreaux glacés
pendant quelques minutes, en leur disant
comme son maître : *Je suis celui que vous cher-
chez;* et où une multitude de prêtres, les uns
courbés sous le poids de la vieillesse, les autres
dans la force ou à la fleur de l'âge, vinrent sur

(1) Voyez le discours prononcé par Cambon, à la
tribune de la Convention nationale, dans le Moniteur
du 11 novembre 1792.

(2) L'archevêque d'Arles.

les traces sanglantes de leurs premiers pasteurs (1), s'offrir deux à deux aux coutelas qui les rejoignaient à ce monceau de martyrs.

« Quoi! celui qui voyait la maison de son voisin dévorée par les flammes, serait coupable de n'avoir pas attendu, pour se dérober au feu, que l'embrasement fît crouler ses lambris et l'engloutît sous leurs ruines?

« Quoi! celui dont la maison était consumée, aurait eu tort d'aller chercher un asile dans des pays où les incendiaires ne fussent pas en honneur?

« Quoi! celui qui avait vu les torches aux portes de la sienne; celui qui avait été averti, qui avait cru, qui avait soupçonné seulement que son tour viendrait, n'aurait pas eu le droit de préserver sa vie, ne pouvant défendre ses foyers?

« Quoi! tous ceux qui étaient les témoins de la protection accordée aux assassins, seraient criminels pour s'être soustraits à leurs poignards?

« Des lois l'ont dit. Mais ce sont, vous ré-

_____

(1) Non seulement l'archevêque d'Arles, mais l'évêque de Beauvais, l'évêque de Saintes, etc.

pond le sauveur de Rome et le vainqueur de Catilina, *de ces lois comme en font entre eux les voleurs de grands chemins* (1).

« On a dû fuir, dès qu'on a vu l'incendie et la mort ravager toutes les parties du royaume ; on a dû fuir, dès qu'il n'y a plus eu un seul point où l'on pût se croire à l'abri ; on a dû fuir, en un mot, quand Roberspierre a régné sur la France entière. Or, le règne de son nom a été établi le 2 septembre 1792, mais le règne de ses crimes est bien plus ancien ; il remonte à cette funeste séance du 23 juillet 1789, dont j'ai déjà parlé, dans laquelle l'impunité fut proclamée. Dès ce jour-là le pacte social était rompu, la communauté était dissoute, la patrie avait disparu ; le fantôme qu'on lui avait substitué n'avait le droit de commander aucun sacrifice.

« Voici, en effet, un dilemme auquel je défie qu'on réponde :

« Ou le gouvernement avait pu empêcher

---

(1) *Quid ! quod multa perniciosè, multa pestiferè sciscuntur in populis, quæ non magis legis nomen attingunt, quàm si latrones aliqua consessu suo sanxerint !* (CICERO, de Leg.)

ces forfaits, ou il ne l'avait pas pu. Dans le premier cas, il avait été homicide ; dans le second, impuissant : dans l'un ou l'autre, j'avais le droit de me soustraire à l'autorité qui me laissait assassiner (1).

« Ajoutons, que ceux qui abandonnèrent la France , outre qu'ils y étaient autorisés par le besoin de leur propre conservation,

---

(1) M. Méjan ne trouvera peut-être pas mauvais que je relève ce dilemme. Qu'entend-il ici par *le gouvernement* ? Est - ce la monarchie ? elle existait encore de droit, mais de fait elle n'existait plus, puisque le gouvernement n'était plus au roi. Ce n'était plus que le gouvernement des rebelles qui opprimaient le roi, en attendant que, par l'habitude et la multiplicité de leurs excès, ils eussent disposé le peuple à le laisser assassiner. Il me semble donc que M. Méjan, au lieu de faire ce dilemme, aurait dû continuer de dire tout simplement, qu'en France il n'y avait plus d'autre gouvernement que celui des factieux, plus de protection que pour les hommes turbulens et sanguinaires : espèce de *pandæmonium* où les lumières et les talens étaient étouffés dans la noire atmosphère du crime et des complots. Ce serait même abuser des termes d'oser dire qu'il n'y eut ni *discipline*, ni *mot d'ordre* : c'était le *mot du désordre*. J'en appelle à Cicéron que M. Méjan vient de citer.

l'étaient aussi, non seulement par le titre Ier
de la constitution de 1791, lequel *garantis-
sait la liberté à tout homme d'aller, de rester,
de partir :* liberté rangée dans la classe des
droits naturels et civils, auxquels un article
formel défendait au pouvoir législatif *de porter aucune atteinte ;* mais encore par le décret
du 14 décembre 1791, ainsi conçu : « L'As-
« semblée nationale décrète qu'il ne sera
« plus exigé aucune permission ou passe-
« port, dont l'usage avait été momentané-
« ment établi. Le décret relatif aux émigrans
« est révoqué ; et, conformément à la cons-
« titution, il ne sera plus apporté aucun obs-
« tacle au droit de tout citoyen français de
« voyager librement dans tout le royaume,
« et D'EN SORTIR A VOLONTÉ ».

« On voit donc que la seconde Assemblée
n'a pas pu donner le nom de crime à l'exer-
cice d'un droit *garanti par la constitution*, et
auquel il lui était défendu *de porter aucune
atteinte*, sans violer, et cette même constitution qu'elle avait juré de défendre, et cette
loi préexistante, indestructible, émanée de
la nature et de la raison éternelle, qui veut
QU'AUCUNE LOI N'AIT D'EFFET RÉTROACTIF.

« Faut-il joindre une autorité à celles que
je viens d'invoquer ? Interrogeons un des apô-
tres de nos *régénérateurs*, ou plutôt un de
leurs dieux, ce JEAN-JACQUES auquel ils
décernèrent l'apothéose.

« Après avoir établi, dans son *Discours sur
l'économie politique*, qu'entre une patrie et
des citoyens le premier devoir est imposé à
la patrie, et que, ne pouvant **commander** l'a-
mour, il faut qu'elle l'inspire ; après avoir dit
qu'elle ne serait pas même encore digne d'être
aimée, là où elle n'accorderait à ses citoyens
que ce qu'elle ne peut refuser à aucun étranger, *Rousseau* ajoute : « Ce serait bien pis
« s'ils n'y jouissaient pas même de la *sûreté*
« civile, et que leurs *biens*, leur *vie*, ou
« leur *liberté* fussent à la discrétion des hom-
« mes puissans, sans qu'il leur fût possible
« ou permis d'oser réclamer les lois. Alors,
« soumis aux devoirs de l'état civil, sans jouir
« même des droits de l'état de nature, et
« sans pouvoir employer leur force pour se
« défendre, ils seraient par conséquent dans
« la pire condition où se puissent trouver des
« hommes libres ; et le mot de *patrie* ne
« pourrait avoir pour eux qu'un sens *ridicule*

« *ou odieux*.... La sûreté particulière est tel-
« lement liée avec la confédération publique,
« que, sans les égards que l'on doit à la fai-
« blesse humaine, cette convention serait
« dissoute par le droit, s'ils périssait dans
« l'Etat *un seul* citoyen qu'on eût pu secourir,
« si l'on en retenait *un seul* à tort en prison,
« et s'il se perdait *un seul* procès avec une in-
« justice évidente : car les conventions fon-
« damentales étant enfreintes, on ne voit
« plus quel droit ni quel intérêt pourraient
« maintenir le peuple dans l'union sociale, à
« moins qu'il n'y fût retenu par la seule FOR-
« CE QUI FAIT LA DISSOLUTION DE L'ÉTAT
« CIVIL. »

« Au lieu d'*un seul meurtre* toléré, la
glacière d'Avignon répétée dans vingt parties
de la France !... Au lieu *d'un seul emprison-
nement* illégal, les bastilles du jacobinisme
couvrant tout le sol du royaume !... Au lieu
d'*un seul jugement inique*, toutes les procédures instruites contre les assassins et les incendiaires anéanties !.... Comment donc les
conventions fondamentales n'auraient-elles pas
été enfreintes ? Comment l'union sociale n'au-
rait-elle pas été dissoute ?

« Maintenant, allons plus loin, et raisonnons dans l'hypothèse même où la France n'aurait pas été le théâtre des désordres et des crimes qui m'ont fourni de si puissans argumens.

« N'est-il pas vrai que l'ancien pacte social avait été renversé par l'Assemblée constituante et remplacé par un nouveau? Eh bien, l'abolition de l'un et l'établissement de l'autre, en changeant toutes les conditions de la société, avaient rendu la liberté à tous ses membres. C'est ce qu'enseigne ce même JEAN-JACQUES, dont il faut bien que nos *régénérateurs* reconnaissent les principes, puisqu'ils voulurent nous reporter à *l'acte primitif par lequel un peuple est un peuple*, *à l'élection que fait ce peuple d'un gouvernement*.

« Il déclare que, *si l'élection n'est pas unanime, il n'y a pas obligation pour le petit nombre de se soumettre au choix du grand*. Il déclare que *cent qui veulent n'ont pas le droit de voter pour dix qui ne veulent point*. Il déclare que *la loi de la pluralité des suffrages est elle-même un établissement de convention, qui suppose au moins une fois l'unanimité* (1).

_____

(1) Chap. 2 du *Contrat social*.

D'où il résulte que tous les Français qui *ne voulurent pas* la constitution de 1791, eurent incontestablement le droit de ne pas entrer dans la nouvelle association, et de transporter leur domicile où bon leur semblait. Mais ils n'usèrent pas seulement d'un *droit*, ils remplirent encore un *devoir*, oui, un *devoir*, puisque l'Assemblée s'était mise en état de révolte contre le monarque ; puisqu'elle en avait fait son prisonnier ; puisqu'elle avait foulé aux pieds tous les principes de gouvernement qui touchent de plus près au sort des peuples et à la tranquillité publique ; et puisqu'enfin elle avait environné de spectres et de fantômes hideux le berceau de la liberté, ce berceau que les mains paternelles du plus vertueux des rois venaient de préparer avec une affection si généreuse.

« N'y a-t-il pas, au surplus, de la barbarie à reprocher, à ces nobles victimes de la fidélité, d'avoir fui un pays où tous ceux qui n'avaient pas eu le moyen de s'éloigner, ou qui avaient mieux aimé s'exposer à une mort prompte, que de se condamner aux lentes tortures d'une misère affreuse chez les étrangers, ou qui étaient rentrés, non pas furtivement, mais légalement, en vertu du décret du 28 mars 1792, ont été amoncelés dans les prisons et sur les échafauds, ont été traînés et déchirés sur les chemins, ont été hachés, noyés, mitraillés? Quoi! ce pouvait être un devoir de ne pas quitter un pays où il ne se serait pas conservé un seul homme de bien, si quelques uns des principaux tyrans qui l'opprimaient n'avaient eux-mêmes été frappés par leurs propres complices, au milieu de leur sanglante carrière? Que M. de Lameth veuille bien me permettre d'introduire ici à ma place un orateur que ni lui, ni ses amis ne sauraient récuser; qu'il jette un coup d'œil sur le tableau suivant, et qu'il juge lui-même ses déclamations du 24 février dernier.

« *Depuis* SIX ANS *le crime a toujours été* « *croissant! chaque époque de la révolution,* « *chaque noùvel événement a ajouté à la fé-* « *rocité de ces scélérats. Quiconque a trempé* « *ses mains dans le sang,* QUICONQUE A « PILLÉ, ÉGORGÉ, VOUDRA TOUJOURS ÉGOR- « GER ET PILLER. » (1)

----

(1) Rapport fait par *Bourdon de l'Oise*, à la Convention nationale, le 14 mai 1795, sur *Barrère*, sur *Collot-d'Herbois*, sur *Billaud-Varennes*, sur *Choudieu*, sur tous les terroristes.

« Mais le reproche qu'on adresse aux émigrés en général, a quelque chose de bien plus révoltant encore, quand on songe à ce que nos tyrans auraient fait de tous ceux de nos princes qui, en abandonnant la France, s'étaient aussi soustraits aux dangers qui les menaçaient ; quand on se rappelle la fin tragique de Louis XVI, de la reine, de madame Elisabeth, les tourmens auxquels furent livrés S. A. R. Madame et son auguste frère ; quand on relit cette phrase dont frémirent toutes les ames sensibles : qu'il faudrait BALANCER LES DESTINÉES DU FILS DE LOUIS XVI, *avec l'intérét de la république* (1); ce qui, menaçant si directement les jours d'un enfant de sept ans, faisait assez pressentir le sort qu'on réservait à tous les membres de cette illustre famille.

« Etablirez-vous une distinction entre les citoyens qui n'ont fait qu'abandonner la France, et ceux qui ont pris les armes contre elle ? Mais elle ne vous servirait à rien, parce que, là où l'incendie et le meurtre sont protégées par la loi, l'homme est replacé dans

(1) Rapport de Mailhe, du 7 novembre 1792.

l'état de nature, et réduit à chercher dans sa force la sûreté qu'il ne peut plus trouver ailleurs. Les siècles passés ont-ils fait un crime à *Thrasybule*, *Thrasybule exilé*, *proscrit*, *fugitif*, d'être venu venger et délivrer sa patrie du joug des *trente tyrans* ? (1) Non, ils lui en ont fait un mérite. Eh bien, les siècles futurs ne jugeront pas autrement cette race glorieuse, forcée de fuir un pays dont elle avait été si souvent l'orgueil et le boulevard ; ces trois générations de héros, qui comme elle, en appelèrent noblement, des poignards, à leur épée; et ces sujets fidèles qui, ralliés sous les drapeaux de la *véritable patrie*, secondèrent leurs nobles efforts pour la délivrer de ses tyrans, et pour rétablir sa tranquillité.

« L'histoire dira qu'ils n'ont fait que céder à la *nécessité*, qu'ils n'ont fait que remplir un *devoir*, et elle reconnaîtra aussi que cette guerre ne fut pas seulement loyale, mais sublime, puisqu'ils se plurent à payer à la va-

---

(1) *De ces monstres pour qui aucun droit n'était sacré, qui répandaient le sang par torrens, et sous lesquels la malheureuse Athènes ne faisait que trembler et pleurer.* (Entretiens de PHOCION).

leur républicaine la même admiration qu'ils savaient inspirer par la leur (1); puisqu'ils repoussèrent avec horreur la seule idée de représailles, que leurs adversaires n'eussent pu trouver injustes, mais qu'eux ne purent jamais se croire permise; et puisqu'ils ne firent pas un seul prisonnier sans se souvenir aussitôt qu'il était né leur concitoyen, sans lui prodiguer ces traitemens magnanimes qui, triomphant enfin de toute la barbarie des décrets, rendirent tous les guerriers français à la générosité originelle de leur caractère.

« Laissez-les donc en paix ces hommes estimables dont l'attitude noble et calme a si bien démenti les prédictions funestes par lesquelles ceux qui les calomniaient, et qui les haïssaient par convenance, s'étaient efforcés pendant si long-temps d'empêcher leur retour. »

Il ne reste, aux pertubateurs de la France

---

(1) *Non ! il n'y a rien d'égal à la valeur des Français royalistes, que celle des Français républicains,* écrivait le duc d'Enghien, en sortant d'un combat où il avait été blessé, et où son père et son aïeul avaient eu leurs habits criblés de balles.

et de l'Europe, aux ennemis des émigrés et
des autres victimes de la fidélité, que deux
partis à prendre : à ceux qui veulent recon-
quérir l'estime publique, le parti de se repentir et de concourir de toutes leurs forces à
réparer les maux qu'ils ont faits ; et, à ceux
qui, sans se repentir ni rien réparer, veulent
qu'on cesse de leur reprocher leurs crimes ou
leurs égaremens, le parti au moins du silence
et de la tranquillité.

LE JOYAND.

DE L'IMPRIMERIE DE DOUBLET.

www.ingramcontent.com/pod-product-compliance
Lightning Source LLC
Chambersburg PA
CBHW050529210326
41520CB00012B/2492